SITUATION

DE LA FRANCE

AVEC

LES SOUVERAINS DE L'EUROPE.

SITUATION

DE LA FRANCE

AVEC

LES SOUVERAINS DE L'EUROPE.

PAR D....

Noctem peccatis , et fraudibus objice nubem.
HORACE , *epistola* 16.

PARIS,

Chez { DELAUNAY , Palais-Royal ; galerie de bois.
PÉLICIER, première cour du Palais-Royal, n. 10.
EYMERY, Libraire, rue Mazarine , n. 50.

De l'Imprimerie de HOCQUET, rue du Faub. Montmartre, n°. 4.

1818.

SITUATION DE LA FRANCE

AVEC

LES SOUVERAINS DE L'EUROPE.

CHAPITRE PREMIER.

De l'ancien Systéme politique de l'Europe.

Chaque peuple de l'antiquité avait ses Dieux particuliers et ses institutions religieuses et politiques : ses membres étaient d'autant plus étroitement unis, qu'ils étaient tout-à-fait isolés des autres peuples ; les caractères nationaux étaient fortement prononcés ; l'amour de la patrie était porté à un degré d'exaltation inconnu de nos jours ; et les guerres se faisaient avec fureur, parce que les vainqueurs détruisaient toujours les Dieux, le culte et les institutions des vaincus.

Lorsque ces antiques constitutions vinrent à tomber de vétusté, par les progrès du tems et des différentes sectes philosophiques, la naissance de la religion chrétienne donna à l'Europe une nouvelle organisation sociale, politique et religieuse, plus profondément coordonnée. Les chrétiens, quoique formant différens états, devinrent tous concitoyens spirituels sous l'empire de l'église. Ce double lien affaiblit sans doute l'amour de la patrie, en le divisant sur toute la chrétienté ; mais aussi les dogmes de cette religion adoucirent l'âpreté des maximes politiques ; l'action des gouvernemens sur les peuples fut moins violente ; tous les pouvoirs ne pouvant plus être réunis sur la tête d'un seul, les monarchies tempérées remplacèrent le despotisme ; les haines politiques et particulières se calmèrent, et les guerres ne furent plus des guerres d'extermination. Ainsi les principes du christianisme, bien gravés dans les cœurs, furent plus forts pour la conduite des hommes, que toutes les institutions humaines.

Cet ordre de choses a subsisté près de quatorze cents ans, par son excellence même et par le génie de la cour de Rome, qui, pour créer, exercer et conserver le pouvoir le plus prodigieux qui fût jamais, a développé dans son gouvernement une suite, une constance, une profondeur sans exemple dans les annales du monde. Enfin il s'est écroulé de nos jours, sous les efforts redoublés de la philosophie moderne. Cette philosophie, née des traditions de celles de l'antiquité, essaya ses premiers pas par les réformes de Luther et de Calvin ; elle attaqua d'abord les dogmes de l'église romaine, et ensuite les maximes des gouvernemens qui y étaient le plus intimement liés. Bientôt elle séduisit les princes et les peuples, et fit tomber les foudres du Vatican des mains des souverains pontifes. Elle était encore bien éloignée de l'audace et de la popularité qu'elle a affichées sous le patriarchat de Voltaire ; mais déjà elle nourrissait les levains de cette grande catastrophe, qui devait bouleverser l'Europe, et amener sa régénération, d'après des principes libéraux.

Les Anglais se révolutionnèrent les premiers : leurs révolutions furent longues et sanglantes, parce qu'ils eurent à créer ce gouvernement représentatif, dont ils ont eu le sentiment long-tems avant de pouvoir en résoudre le problême ; enfin ils jetèrent les bâses de leur monarchie constitution- nelle.

Montesquieu (1) expliqua la nature et l'esprit de cette nouvelle organisation sociale ; Rousseau (2), avec toute la profondeur de son génie, en découvrit et en posa quelques principes fondamentaux. Les germes de libéralité répandus en Europe , moins comprimés, se développèrent rapidement ; la nature du sol et un concours de circonstances favorables, en hâtèrent la maturité en France ; dès-lors aucune sagesse humaine n'aurait pu empêcher la révolution d'y éclater : elle était passée dans l'esprit de la nation, et ses doctrines devaient nécessairement séduire ou aveugler toutes les classes, même celle des gouvernans. Les fautes du malheureux Louis XVI, celles du clergé, de la noblesse et des parlemens, ne furent que des causes accessoires et forcées de

---

(1) Esprit des Lois, livre 2, chap. 6.
(2) Contrat social.

cette grande commotion qui a englouti sous les débris de la monarchie presque tous les chefs de différens partis qu'elle a fait dominer en France.

L'Angleterre est le foyer des idées libérales, et par conséquent de la révolution, comme la Grèce fut celui des idées républicaines. Par leur nature, elles ne sauraient demeurer stationnaires, et se répandront nécessairement dans toute l'Europe. On peut assurer aujourd'hui qu'elles y ont déjà fait autant de progrès, qu'elles en avaient fait en France, en 1789, lorsque la Cour et même l'armée étaient pleines de novateurs. Le gouvernement anglais n'a point fait la guerre à la révolution qu'il avait lui-même fomentée, en combattant constamment contre nos différentes anarchies qui en étaient les excès; il s'est au contraire efforcé de nous ramener dans la véritable ligne d'une liberté constitutionnelle. Nous ferons ressortir cette vérité avec d'autant plus de soin, dans le cours de cet écrit, qu'elle nous paraît devoir servir à convaincre toutes les opinions qu'il était impossible qu'une restauration faite sous l'influence de la nation anglaise, fût destructive des institutions libérales (1).

CHAPITRE II.
De la République.

Le gouvernement républicain est une machine antique que nous ne pouvons plus faire mouvoir avec nos petits vices et nos petites vertus; cependant il sera encore long-tems la chimère des esprits les plus généreux. Comment cesserait-il de l'être, tant que notre première éducation nous retracera le bonheur et la gloire de ces républicains de la Grèce et de Rome, qui ont légué au monde toutes les grandes pensées, l'exemple de toutes les grandes actions, et des modèles

----

(1) Il semble que les beaux-arts soient si étroitement unis à la liberté, que lorsqu'elle renaît après tant de siècles, ils reprennent aussi un génie plus indépendant et plus créateur. L'Angleterre est encore le foyer de la poésie romantique, comme la Grèce le fut de la poésie classique : le rapprochement de ces deux époques est remarquable.

éternels et tellement sublimes dans tous les arts, que le comble du génie moderne est encore de savoir les imiter avec un goût plus ou moins exquis. Ah! sans doute, si tous ces demi-Dieux de l'antiquité ne nous apparaissaient pas escortés de leurs ilotes et de leurs gladiateurs, afin de nous avertir sans cesse qu'ils étaient des hommes comme nous, nous ne pourrions nous empêcher de les croire d'une origine divine. Mais le cœur et l'imagination sont désenchantés, lorsque l'on voit quatre cent mille esclaves enchaînés pour la splendeur de vingt mille Athéniens; et quelque grande qu'ait été la gloire de cette belle époque de la civilisation, on la trouve bien chèrement achetée. Les enfans de la Grèce et de l'Italie, quoique tombés de toute la hauteur où leurs institutions les avaient placés, portent encore sur leur front les signes de leur brillante organisation; ils rappèlent les anges déchus de Milton. Dans nos climats froids ou tempérés, nous ne naissons point avec une imagination assez forte pour supporter ses institutions républicaines; elles ne peuvent que nous donner une fièvre ardente, bientôt suivie de l'accablement. Ce serait en vain que nous nous reposerions sur quelque nation vaincue, de l'exercice des arts illibéraux ; que nous consacrerions notre existence à la patrie, aux grandes affections de l'âme, aux nobles travaux, à tous les beaux-arts ; jamais nous ne soutiendrions cet état continuel d'enthousiasme et d'exaltation, qui donnait un caractère d'une énergie plus qu'humaine, à tous les sentimens des grands citoyens de la Grèce et de Rome, et leur faisait enfanter des prodiges. Il est surtout impossible de ne pas reconnaître l'espèce de délire poétique dans lequel les Grecs vivaient habituellement. Comment concevrait-on autrement l'existence de ces jeunes Athéniens qui coulaient leurs jours dans les jardins du portique, sous des bosquets de myrthes et d'oliviers, à discourir de la sagesse et des arts, à composer ou réciter des vers ; tantôt somptueusement vêtus, tantôt vêtus en cyniques, ou même absolument nuds ; quelquefois partant comme des essaims d'abeilles, sous la conduite des chefs de différentes sectes philosophiques, pour aller camper sur le Parnasse ou sur le Taggète, cherchant partout les fleurs, la gaîté et les amours ; tandis que leurs belles compagnes , les Athéniennes des familles les plus illustres , réunies en troupes nombreuses , l'œil étincelant d'ivresse, dans le désordre des Bacchantes, faisaient retentir de leurs danses et de leurs chants , les bords de l'Illysse et du Céphyse (1).

---

(1) On jouissait à Athènes d'une liberté si grande, que chacun y vivait non-seulement selon ses goûts, mais selon ses caprices. Durant les chaleurs les plus excessives de l'été , quelques cyniques se promenaient tout nuds à l'ombre des oliviers, comme des gymnosophistes ; une chaumière leur suffisait durant la nuit, et Aulugelle dit qu'il avait vu dans un taudis semblable , ce fameux personnage connu tantôt sous le nom de Pérégrinus, tantôt sous celui de Proté, et qui alla depuis se brûler vif aux Jeux Olympiques, comme une veuve du Malabar.

Lorsque Platon donnait des soupers, il faisait cueillir à la hâte quelques fruits dans sa demeure champêtre, et tous ceux qui avaient assisté à de tels repas, étaient le lendemain tourmentés d'une faim dévorante. Taurus ne subsistait souvent que d'un plat de concombres, et il était plus grand et plus libre qu'un empereur de Perse.

Mirabeau, et tant d'hommes d'un grand caractère, qui concoururent à la première époque de notre révolution, furent idolâtres de la liberté; mais, certes, ils ne pensèrent jamais à faire de la France une république : le but de leurs nobles efforts fut constamment d'obtenir cette monarchie constitutionnelle à laquelle nous touchons; cette nouvelle organisation sociale et politique, appropriée à nos climats, à nos forces et à notre industrie; ennemie de toute oppression, et, par-là, favorable au honheur des hommes en général; caractère auguste qui la distingue de toutes celles qui l'ont précédée. L'oppression de peuple à peuple, fut le génie de la civilisation antique, les vaincus devenaient esclaves, et grandissaient les vainqueurs, auxquels ils servaient comme de piédestal : c'était user d'un droit naturel quoique rigoureux. Dans la civilisation qui a succédé, quelques corporations opprimaient toute la société : cette nouvelle servitude, basée sur la fraude, d'une part, et sur l'ignorance, de l'autre, ne grandissait personne.

Robespierre fut peut-être le seul qui conçut le projet monstrueux d'élever une république antique sur les ruines de toutes les institutions modernes. Il tomba bientôt au milieu de ses propres destructions, et tous les novateurs furent quelque tems comme anéantis par son épouvantable apparition. Cependant une étincelle de ce feu divin, qui brûlait dans le cœur des soldats de Marathon et des Thermopyles, se ralluma tout-à-coup, et vint embrâser la jeunesse française. Sans discipline, sans expérience, sans officiers, presque sans armes, elle se précipita sur les frontières, et accomplit des faits d'armes immortels. Les campagnes du Rhin, la conquête de la Hollande, celle de l'Italie, l'expédition d'Egypte, seront un jour le plus noble champ de la poésie et de l'histoire.

Les peuples barbares, par la rudesse même de leurs organes, par leur goût pour les exercices violents, peuvent quelquefois faire de grandes choses sous l'influence d'un grand chef. Les Scythes l'ont prouvé, et dans l'antiquité et de nos jours. Mais il n'appartient qu'aux hommes les plus heureusement organisés, de savoir jouir de toutes les voluptés d'une civilisation exquise et de s'élever en même tems, par leur sensibilité et leur imagination, jusqu'au mépris de toutes les privations, de toutes les fatigues et de la mort même. Les Français donnèrent alors ce grand exemple; le pur, le saint, l'antique amour de la patrie, réveillé dans leur cœur, fit toute leur force et toute leur gloire.

CHAPITRE III.

Du Consulat.

LA monarchie française avait été renversée, et tout le système politique et religieux de l'Europe en était ébranlé. Les différens essais de république n'avaient produit que l'anarchie; la France avait besoin d'une nouvelle organisation politique. Napoléon, par sa fortune et son génie, parut appelé à la lui donner.

A vingt-sept ans, il avait déjà créé, en Italie, ce nouvel art de la guerre dont le développement l'a conduit successivement dans presque toutes les capitales de l'Europe, et dont les principes et la marche rapide, adoptés enfin par toutes les puissances, assurent à l'humanité que désormais les guerres seront de peu de durée, et qu'elles deviendront rares, parce qu'allant toujours droit au but, les vainqueurs frapperont les gouvernemens qui les auront provoqués, et non plus quelques provinces que l'on exposait souvent pour la vaine gloire d'un prince ou d'un ministre. Sa jeunesse, ses nombreux faits d'armes, des actions généreuses, des mots profonds, les malheurs mêmes de son expédition d'Egypte, répandaient sur sa vie une magie qui plaisait aux gens à imagination. Il trouva les Français toujours si disposés à se laisser entraîner par l'amour de la gloire et l'orgueil national ; il sut habilement lier ce mobile à celui de la libéralité qui formait l'esprit public, et qui avait été jusque-là l'unique moteur des divers gouvernemens révolutionnaires. Ce fut par cette alliance heureuse qu'il parvint à des succès si prodigieux, qu'ils faillirent changer la direction de son siècle, et reculer l'époque des monarchies constitutionnelles, dont les résultats heureux ou malheureux ne pouront être justement appréciés que par une longue expérience. Il s'empara du pouvoir souverain, en conservant les formes républicaines ou libérales; il créa des Consuls, un Sénat, des Tribuns, un Corps Législatif; et, pour séduire en même tems la nation par tous les genres de prestiges, il s'élança du sommet des Alpes dans les vallées du Piémont, gagna la bataille de Marengo, reconquit l'Italie avec la rapidité de l'éclair, et dicta à l'Autriche le traité de Lunéville.

Les négociations s'ouvrirent avec l'Angleterre : les mêmes principes appliqués aux gouvernemens des deux peuples, avaient préparé leur rapprochement; le ministère anglais céda à cette influence, et signa le traité d'Amiens.

Napoléon mit tous ses soins à faire jouir la France de cette paix générale qu'il venait de lui procurer par l'éclat de ses victoires et par sa sagesse. Il rappela les émigrés, calma les haines politiques, rétablit l'ordre dans les finances et l'administration, embellit la capitale et les provinces, encouragea tous les arts qui élèvent l'imagination, et salua le peuple Français du nom de *Grand Peuple.*

Le ciel ne permit pas que nous jouissions long-tems d'aussi belles destinées : un funeste esprit d'imprévoyance commença à percer au milieu de tant de glorieux succès et de belles actions.

A Dieu ne plaise que nous osions devancer le jugement de la postérité sur la vie d'un grand homme ; mais Napoléon, comme les héros d'Homère, a développé assez de force, pour que ses faiblesses ne puissent pas dégrader son caractère : ainsi nous hasarderons quelques aperçus sur les causes politiques de ses revers.

Il faut remonter au traité de Lunéville, pour y saisir les premiers symptômes de ce vague d'imagination, de cette politique flottante, qui devait avoir de si malheureux résultats.

Il paraît que, dès cette époque, Napoléon avait conçu le projet d'amalgamer la jeune et la vieille Europe. Il pouvait organiser l'Italie en un seul état, d'après les nouveaux principes : il aurait ainsi donné une sœur à la France ; il n'y fit que des dispositions

incomplètes ; et depuis , lorsqu'il s'occupa , à diverses reprises , de cette belle
partie de l'Europe, il fut malheureusement
dirigé bien plus par ses affections privées
que par une saine politique. Le morcelle-
ment et la réunion d'une partie de l'Italie à
la France commença à éveiller la jalousie
des souverains , trompa les espérances pa-
triotiques des Italiens, et rendit leur coopération nulle au moment de la crise de 1814,
que la déloyauté insensée de Murat tint en
échec toutes les forces du prince Eugène.

Napoléon s'est trouvé dans la même position en Autriche, en Prusse, en Pologne,
et dans toute l'Allemagne : partout il a ré-
pété les mêmes fautes. S'il eût usé de ses
victoires pour présider à l'organisation libérale de l'Europe, il aurait rempli le plus
grand rôle dont l'histoire puisse conserver
le souvenir ; il lui aurait sauvé cette crise
effrayante qui doit nécessairement arriver,
lorsque les lumières étant généralement
répandues , aucune classe de la société ne
conserve une supériorité morale reconnue
qui la mette à même de gouverner les
autres. Lorsque les hommes sont parvenus

à ce dégré de civilisation, s'ils ont de la vertu et un ardent amour de la patrie, ils peuvent encore se soumettre à de nouvelles institutions qu'ils se donnent comme par un accord unanime. Les Grecs et les Romains leur ont légué cet exemple glorieux; et de nos jours les Anglais en suivent les nobles traces. Si nous ne pouvons pas nous soutenir à cette hauteur, il ne nous reste désormais de refuge que dans le despotisme asiatique, devant lequel nous serons tous égaux comme devant la mort : la civilisation de l'Orient, qui a précédé la nôtre, a suivi cette marche.

CHAPITRE IV.

De l'Empire.

CHEF respecté du gouvernement français, Napoléon était secrètement tourmenté du désir de rendre sa puissance plus absolue, et de la revêtir des formes imposantes de la monarchie. Trop de souvenirs de l'ancien régime se rattachaient au nom de Roi; il pensa que celui d'Empereur serait plus agréable à la nation française, qu'il élevait à la dignité d'empire. Les libéraux éblouis souffrirent, presque sans opposition, qu'il en plaçât la couronne sur sa tête; il pouvait alors se faire chef de l'église de France, toute la révolution lui avait tracé et applani cette marche, il eût rendu son trône inébranlable. Il voulut employer de vieux matériaux dans un édifice qui devait être absolument neuf. Charlemagne avait appuyé sa couronne usurpée, sur l'église romaine, alors toute puissante; par une mauvaise imitation, il voulut appuyer la sienne sur cette église, lorsqu'elle tombait en ruine. Le libéralisme est lié à la réforme religieuse (1), l'église romaine ne peut pas

---

(1) Administrateur, à des époques différentes, des protestans des Cévennes et de ceux des Alpes Juliennes, j'ai trouvé aux extrémites de l'Allemagne et de l'Italie, comme au cœur de la France, une population toute libérale. Même simplicité de mœurs, même activité industrielle, même horreur de toute oppression, même dévouement à la patrie.

transiger avec lui ; étroitement unie à l'ancien système politique de l'Europe , tant
que quelques racines en survivront, elle es-
pèrera voir renaître cet arbre immense ,
dont les nombreux rameaux ont si long-
tems enlacé toutes les classes de la société.

La révolution avait été principalement
dirigée contre l'autorité du clergé et de la
noblesse , la suprématie de la cour de Rome
avait été anéantie; Napoléon, par son sacre
et son Concordat , lui rendit le souffle de
la vie. Bientôt il donna les titres héréditaires ,
c'était heurter les principes les plus chers
d'une nation qui les avait abolis, comme
incompatibles avec ses nouvelles libertés:
lorsqu'elle avait si récemment enlevé le
panache des chevaliers aux descendans des
Sully, des Duguesclin et des Bayard, devait-il reparaître sur la tête des Wagram ,
des Castiglione et des Raguse?

Les Français honorent les hommes qui
ont rendu de grands services à la patrie,
comme on honorait à Rome les personnages

consulaires ; mais il ne veulent plus de priviléges héréditaires.

Empereur, il ne pensa plus à légitimer sa couronne autrement que par des victoires. Il fit cette campagne de 1805, si célèbre par la capitulation d'Ulm, par l'entrée des Français à Vienne, cinq semaines après leur départ de France, et par la bataille d'Austerlitz, qu'il gagna sur les Russes et les Autrichieus, réunis sous les ordres immédiats des deux Empereurs. Cette victoire, la plus brillante et la plus complète qu'il ait jamais remportée, le rendit maître de tous les états héréditaires d'Autriche. Dans l'ivresse de ses succès, environné de toutes les séductions de la grandeur, Napoléon oublia insensiblement que son empire était né de la révolution, et qu'il ne pouvait s'affermir qu'en la propageant ; il n'en suivit plus l'impulsion : ses guerres et ses traités n'eurent pour règle que son héroïsme. Les grands faits militaires inspirent les beaux-arts, ils donnent aux âmes une hauteur, à toutes les affections une force, qui influent puissamment sur l'exis-

tence des peuples ; ils sont aussi nécessaires au développement de leur caractère
et de leur génie, que les orages de la jeunesse le sont au développement du caractère et des talens des individus. Le gouvernement le plus humain et le plus sage n'est
pas toujours celui qui fait le moins la guerre,
mais celui qui, dans un certain laps de
tems, donne le plus d'accroissement à la
population et à l'industrie ; Napoléon sacri-
fia trop à la gloire militaire, et ne s'occupa
pas assez de tenir à terre les princes qu'il
avait vaincus.

Après la bataille d'Austerlitz, pouvait-
il révolutionner l'Autriche ? La capitale
était occupée, l'armée dispersée ; nos principes y avaient de nombreux partisans, la
réputation de nos armes était immense,
l'Empereur de Russie paraissait s'estimer
heureux d'avoir obtenu la paix de la géné-
rosité du vainqueur. Cependant l'armée
française, au fond de la Moravie, avait tout
à craindre de la Prusse qui l'observait avec
deux cent mille hommes, encore animés
de l'esprit du grand Frédéric, et prêts à lui
couper, d'un moment à l'autre, ses com-

munications avec la France. Dans cette position, Napoléon aurait-il pu sans danger porter les derniers coups au gouvernement autrichien qui avait de profondes racines dans les habitudes et l'affection des peuples? Quoi qu'il en soit, il se hâta de signer un traité de paix, et de retirer ses troupes, laissant l'Europe indécise sur ses projets ultérieurs. Mais lorsqu'après les glorieuses campagnes d'Iéna et de Friedland, à l'époque du traité de Tilsit, on le vit, ébloui de sa grandeur, dédaigner la facile restauration de la Pologne, ne point s'occuper franchement de compléter la nouvelle organisation politique de l'Europe, en y rattachant la Prusse et toute l'Allemagne, n'user de la victoire que pour opprimer les peuples et humilier les gouvernemens qu'il pouvait renverser, et leur donner ainsi tous les besoins de la vengeance en laissant dans leurs mains les moyens de l'obtenir un jour, porter en Espagne une guerre intempestive, impolitique et odieuse, tandis qu'il n'avait plus qu'à soutenir, par une attitude imposante, les principes révolutionnaires devant lesquels le trône même des Bourbons d'Espagne aurait fini par s'écrouler, le prestige qui l'environnait se dissipa. Les oligarches d'Autriche, si profonds dans l'art des négociations, découvrirent sa faiblesse, conçurent la possibilité de vaincre, par la politique, celui qui était invincible à la tête des armées, et arrêtèrent le plan de dissimulation et de flatterie, que cette Cour a si constamment suivi jusqu'au renversement de l'empire. Le monarque Français et sa Cour, presque toute composée de soldats, étaient d'autant moins propres à ce genre de combat, qu'ils s'y croyaient habiles. Leur diplomatie improvisée était si inexpérimentée, si présomptueuse et si aveugle, qu'ils furent presque toujours joués dans une suite de traités que leur attitude militaire les mettait à même de dicter. A quelle époque de l'histoire n'a-t-on pas vu la France triompher sur les champs de bataille, et finir par défrayer l'Europe de ses guerres? L'empire français devait être d'autant plus facilement entraîné par cette destinée, que la révolution avait anéanti l'éducation diplomatique, déjà si faible sous l'ancienne monarchie; à peine le clergé en conserve-t-il aujourd'hui quelques traditions, tandis qu'elle a été chaque jour plus soignée en Angleterre, en Autriche et en Russie.

Déjà Napoléon n'était plus l'homme du siècle, et sa fortune étant passée toute entière dans son armée; l'on pouvait présumer qu'il précipiterait sa chûte par la continuation même de ses victoires dans des guerres sans objets et sans fin, qui devaient finir par la détruire. Il parut avoir perdu de son ascendant militaire dans la seconde campagne d'Autriche, où la victoire, fidèle à ses drapeaux aux combats d'Ekmulh et de Ratisbonne, et dans toutes les affaires qui précédèrent l'occupation de Vienne, se montra quelque tems indécise à Essling et à Wagram, comme lui accordant à regret ses dernières faveurs qui lui inspirèrent une confiance funeste, et l'entraînèrent dans l'abîme.

Le projet de rejeter les Russes dans leurs anciennes limites, et peut-être de pénétrer dans l'Inde, était beau et de la plus haute politique. Il aurait eu, par la suite, tous les moyens de l'exécuter avec succès. Par quel arrêt du destin, devait-il donc, ô Dieu! se précipiter dans cette entreprise, avant que la grande question de la nouvelle organisation de l'Europe ait été entièrement décidée en sa faveur ; lorsqu'il soutenait une lutte sanglante en Espagne, et avait encore presque tout à faire en Italie, en Pologne et en Allemagne.

Les désastres de Moscou ne furent irréparables, que parce qu'ils furent le complément de plusieurs fautes capitales; ils n'auraient pas eu lieu, que son empire devait toujours tomber, parce que ses entreprises n'étaient plus dirigées d'après les principes d'une saine politique ; parce que, dans sa magnanimité, il jouait en quelque manière avec les vieux gouvernemens, qui auraient, un peu plus tôt ou un peu plus tard, saisi le moment de le frapper au cœur.

Cependant Napoléon trouva encore en France des ressources immenses, qui furent les fruits de tout ce qu'il avait fait de glorieux. Malgré des revers inouis, il conserva la confiance de la nation, comme grand capitaine. Si l'empire des principes les libéraux n'avait pas dès-lors été contre lui, si la lutte eût été purement militaire, il pouvait encore vaincre l'Europe.

La campagne de 1813 s'ouvrit sur le plan le plus largement combiné. La position que Napoléon occupa à Dresde, après les batailles de Lutzen et de Bautzen, était à-la-fois politique et militaire; elle contenait la confédération du Rhin, et les pays nouvellement conquis, qu'une guerre défensive aurait promptement désorganisés, et enlevés à la France. Elle le mettait à même, en cas de de succès, de renouer rapidement la chaîne de ses opérations militaires jusqu'à la Vistule, à l'aide des forteresses qu'il occupait encore, et menaçait l'Autriche, qu'il aurait pu forcer à se déclarer pour lui, en agissant avec vigueur avant qu'elle eût achevé ses dispositions. Mais à en juger par l'ensemble de sa conduite, ses revers inaccoutumés avaient dès-lors altéré son caractère, et lui avaient donné une tendance à temporiser et à parlementer, tout-à-fait opposée à son génie, et des plus funestes dans les circonstances prodigieuses où il s'était placé. En signant l'armistice du premier juin, il donna à l'Autriche le tems d'opérer sa jonction aux Alliés; ils occupèrent alors la Silésie et la Bohême avec des masses tellement fortes, qu'elles y furent inexpugnables, même après la victoire de Dresde. Le système de centralisation, appliqué à l'armée, lui avait assuré une immense supériorité dans les guerres d'invasion; rien ne résistait à une masse de cent ou cent cinquante mille hommes, manœuvrant comme un régiment. En 1813, les opérations étant devenues plus compliquées, l'Empereur fut obligé de former des armées sur divers points; alors des généraux, accoutumés à une obéissance aussi impassible que de simples officiers, étonnèrent autant l'Europe militaire par leurs fautes et leurs revers, qu'ils l'avaient étonnée par leurs victoires, lorsqu'ils avaient combattu sous ses ordres immédiats. Cette campagne se termina par l'anéantissement de l'armée française. Les troupes de la confédération du département de la Hollande, et de toute la rive droite du Rhin, passèrent dans les rangs des Alliés : ainsi commença le déchirement du grand empire.

Lorsque les fautes de Napoléon, et les revers de nos armées, eurent entraîné l'empire sur le penchant de sa ruine, des causes, qui tenaient à son organisation primitive, concoururent à le précipiter. Napoléon avait été obligé d'employer comme élémens, dans sa nouvelle monarchie, les hommes qui avaient pris part à la première période de la révolution ; les plus généreux y avaient péri, ceux qui restaient devaient être habiles, puisqu'ils avaient su sauver leurs têtes, et par conséquent très-propres à manier les affaires de la manière la plus brillante, dans les tems de prospérité ; mais sortant, pour la plupart, des derniers rangs de la société, ils n'avaient pas pu puiser dans leur éducation ces sentimens élevés qui, quelquefois, survivent à tous les autres chez les hommes d'état, et leur donnent une direction sûre dans les grandes crises politiques.

Les plus jeunes avaient été employés dans les hautes places de l'administration ; les autres entrèrent dans la composition de ce Sénat qui, dès sa naissance, fatigua plus Napoléon par sa bassesse et ses flatteries, que le Sénat vieilli de Rome ne fatigua Tibère.

Ces anciens républicains, couverts de titres, de décorations, d'honneurs et d'infamie, étaient peu propres à soutenir l'énergie de la nation, au moment du danger.

Ils ne voyaient pas d'assez haut, pour sentir qu'ils ne pouvaient réellement trouver leur salut que dans celui de l'état. Ils ne conçurent pas que, pour ne point périr, il était devenu nécessaire de savoir s'exposer à périr.

Les mêmes germes de dissolution se développèrent dans l'armée. Des soldats, portés aux premières dignités, par les chances multipliées des combats, ne surent pas saisir l'ensemble du système politique, auquel se rattachait leur fortune et leur gloire. Un esprit d'égoïsme, de dissention, de découragement et d'indiscipline commença à se manifester parmi eux ; des hommes adroits et mal intentionnés, s'emparèrent, dans les cercles de Paris, de ces funestes dispositions, les fomentèrent habilement, et parvinrent à démoraliser la tête de l'armée. Des officiers de Napoléon s'aveuglèrent au point de se persuader qu'ils étaient devenus les colonnes uniques, nécessaires et impérissables de l'état; de se croire grands, parce qu'ils faisaient partie d'un ordre de choses

qui avait été grand , et de concourir eux-
mêmes à l'anéantir en le désunissant.

Le Corps Législatif, composé presqu'entièrement d'hommes de loi , habiles à saisir
les détails des affaires, et par cela même peu
propres à être placés au sommet, fit les re-
montrances les plus intempestives (1) , ten-
dant à favoriser une scission provoquée par
les proclamations insidieuses des Alliés , à
séparer le peuple du gouvernement , dans
le moment que leur union la plus intime
pouvait seule sauver l'Etat. Cependant les
Alliés portèrent leurs armes jusqu'au centre
de la France ; Napoléon n'ouvrit la campagne que dans les plaines de la Champagne , à
quarante lieues de Paris. Semblable au cygne
qui ne fait connaître toute l'étendue de ses
sublimes talens que près de ses derniers mo-
mens , ce fut alors qu'il développa toute la

---

(1) Le peuple romain disputait au sénat toutes les
branches de la puissance législative, parce qu'il était
jaloux de sa liberté ; il ne lui disputait point les branches
de la puissance exécutrice, parce qu'il était jaloux de
sa gloire.

Montesquieu, *Esprit des Lois*, Liv. II, Chap. XVII.

hauteur de son caractère. Saisi de douleur et d'indignation, en voyant la France envahie, il ne désespéra pas de la sauver ; il se montra fidèle à cette maxime antique qui fit la gradeur de Rome , et qui était nécessaire à celle de l'empire français : de ne jamais traiter avec des ennemis vainqueurs et foulant le territoire sacré ; il repoussa des traités infâmes, que des conseils pusillanimes (1) le pressaient d'accepter. Avec une poignée de soldats animés d'un courage héroïque, il lutta contre toutes les forces de l'Europe , contre le mécontentement des Français, contre le découragement de ses généraux, et contre des défections de tout genre , et la fortune fut un moment indécise , ou plutôt jamais il ne fut si près d'un

____

(1) Rome fut un prodige de constance , après les journées de Tésin, de Trébies et de Trasymènes , après celles de Cannes , plus funeste encore ; abandonnée de presque tous les peuples d'Italie , elle ne demanda point la paix ....
....
........après la bataille de Cannes , il ne fut pas permis aux femmes mêmes, de verser des larmes........

MONTESQUIEU , *Décadence de l'Empire.*

immortel triomphe : toute cette campagne est un prodige de génie et de fermeté d'âme. Il était parvenu, à la suite des manœuvres les plus audacieuses , à placer les Alliés entre Paris et son armée; une grande partie de la Champagne et de la Brie était insurrectionnée ; ce plan allait avoir des résultats immenses , et lui faire regagner l'opinion et surtout l'affection des peuples qu'il avait perdues par ses fautes et ses nombreux revers , lorsque la malheureuse capitulation de Paris vint mettre un terme à la guerre et à l'Empire.

Napoléon s'était élevé par des succès militaires; toute sa vie il avait combattu pour la gloire , il en avait fait le mobile de son empire : il était vaincu, tout était donc fini pour lui. Il abdiqua la couronne. S'il n'eût été qu'ambitieux, il aurait pu signer, jusque sous les murs de la capitale, un traité humiliant , et régner peut-être encore quelques années sur une nation qui lui aurait alors justement reproché sa misère , en méditant sur son élévation prodigieuse , et sur sa chute plus étonnante encore ; on en trouvera sans doute aussi les causes dans la na-

ture de son génie audacieux. Doué de talens militaires et d'une éloquence toute d'inspiration, il devait naturellement entraîner les hommes ; mais parvenu au faîte du pouvoir, des qualités différentes devaient l'en précipiter. Je ne crois pas pouvoir mieux exprimer ma pensée, qu'en lui attribuant ce qu'un de nos grands écrivains fait dire à Scylla : « J'aime à remporter des victoires, à
» former des lignes, à fonder ou détruire
» des États ; mais pour ces minces détails
» du gouvernement où les génies médiocres
» ont tant d'avantage, cette lente exécution
» des lois, cette discipline du milice tran-
» quille, mon âme ne saurait s'en occuper. »
Si, lors de son retour au 20 mars, il eût con-
centré à Paris toutes les troupes et les gardes nationales, que l'invasion même des Alliés aurait rapidement augmentées, qu'il eût
jugé sans haine, mais aussi sans pitié, ceux
des grands de l'Empire qui avaient été faibles
ou coupables, il aurait soutenu ce trône
qu'il avait seul relevé, son siècle lui serait
demeuré soumis, et nos modernes Plu-
tarques auraient un nom de plus à ajouter
à la liste de ses énormes colosses de l'anti-

quité dont les vies , après tant de siècles , font encore l'étonnement des hommes.

~~~~~~

CHAPITRE V.

V. *De la Restauration.*

L'on a souvent comparé la ligue à la révolution, et la rentrée de Henri IV à Paris, à la restauration de Louis XVIII. Il est impossible de faire une comparaison plus fausse. Les ducs de Guise , de Mayenne et d'autres grands seigneurs assis au banquet de la société , s'y disputaient alors la préséance : il fut facile au bon Henri de les concilier, en devenant le premier convive. Aujourd'hui les serviteurs veulent s'y asseoir à côté de leurs anciens maîtres ; il n'y a pas de place pour tous : la conciliation est bien plus difficile. Les gladiateurs qui suivirent Spartacus eurent sans doute des prétentions semblables : on sait ce qu'ils firent, et les traités qu'ils obtinrent.

Le gouvernement auquel succéda la légitimité , fécond en grandes catastrophes ,
~~~~~~

avait développé un caractère de hauteur, dont la jeunesse française s'était justement énorgueilli. Cette jeunesse avait été profondément blessée de l'occupation de la capitale par ces mêmes souverains tant de fois vaincus : elle fut consternée du traité de 1814. Mais, tout en détournant ses yeux avec douleur des nombreux étendards qui flottaient dans Paris, tout en versant des larmes sur ses trophées renversés, elle ne confondit point les Bourbons avec les auteurs de ses revers, elle ne fut jamais ulcérée contre cette race auguste. Fatiguée de tant de convulsions, dégoûtée de la gloire même, elle attendit, avec tout l'abandon de la confiance, son salut de la sagesse de son roi ; elle souffrit, en frémissant, que d'un trait de plume on lui enlevât le fruit de vingt années de victoires, et de vingt traités signés dans les capitales des principaux empires de l'Europe. Sans doute ces dispositions se seraient soutenues, si le Roi n'eût confié les intérêts de l'État qu'à des hommes honorés de l'estime publique, ou au moins exempts d'une honteuse célébrité ; s'il n'avait pas replacé sur le théâtre des affaires publiques, après un changement de décoration, les éternels ministres, sénateurs, conseillers de tous les Gouvernemens précédemment tombés, ces mêmes hommes, dont tant de chûtes attestaient la faiblesse.

Il se serait encore plus facilement attaché l'armée : les Bourbons sont amis des soldats. Mais par quelle étrange prédilection comblèrent-ils d'honneurs et de dignités ceux de ses chefs qu'elle accusait de défection, qu'elle réprouvait? Les faveurs du Roi n'ont servi qu'à faire ressortir leur abjection, à la rendre européenne ; semblables en cela à ces riches bandelettes auxquelles on reconnaissait de loin les affranchis qui en couvraient leurs fronts, parce que la marque des esclaves qui y avait été imprimée était ineffacable. En les écartant du commandement, Louis XVIII eût rendu un hommage éclatant à la loyauté militaire ; il se serait mis à même de choisir des chefs parmi les jeunes officiers généraux et supérieurs que l'estime de l'armée désignait à sa confiance. La grandeur des circonstances aurait légitimé une légère augmentation de solde en faveur des soldats, et une promotion générale en faveur des officiers ; la nation eût souscrit avec acclamation au faible sacrifice d'argent qu'aurait exigé d'elle ces preuves d'estime et de reconnaissance données à cette armée, qui, par ses travaux, ses victoires et ses malheurs, sera éternellement la gloire de la France et de son siècle ; fort de l'amour du peuple et des soldats, et de l'alliance de l'Europe, le Roi aurait pu faire taire ceux des intérêts nés de la révolution, qui ne sont pas fondés sur la justice et la raison ; cette jeunesse, uniquement élevée dans des idées de gloire militaire, aurait appris, par son exemple, à honorer et cultiver les arts de la paix, à respecter la religion et les institutions de nos pères.

Louis XVIII décida la question en faveur de la révolution ; il crut même devoir lui rendre le terrain sur lequel Napoléon l'avait fait rétrograder pendant les dernières années de son règne ; il octroya la Charte. A Dieu ne plaise que nous méconnaissions les immenses avantages qui doivent résulter, pour le bonheur des peuples, de l'application des principes libéraux aux gouvernemens. Le Roi, en sacrifiant ainsi le souverain légitime

au souverain législateur, devint le rédemp-
teur de la France révolutionnaire. A quel
autre titre le fils de St.-Louis, le roi Très-
Chrétien aurait-il pu sanctionner la spolia-
tion de l'église, et le dépouillement des émigrés? Ce dévouement divin ne fut pas assez
avoué, assez franchement proclamé par les
hommes qui se groupèrent autour du trône,
et qui s'efforcèrent d'y rattacher d'anciens
souvenirs. Les considérations d'une sagesse
profonde, d'une immense bonté, d'une ré-
signation évangélique, qui dirigèrent le Roi,
ne furent ainsi point appréciées dans toute
leur étendue, par la masse de la nation ;
tant de sacrifices volontaires faits à une révolution , que des souvenirs douloureux
devaient rendre odieuse aux Bourbons et à
leur cour, firent craindre une arrière pensée :
ils ne furent point acceuillis avec confiance ;
les acquéreurs de biens nationaux , qu'ils
avaient particulièrement en vue , se mé-
fièrent d'une bienveillance qui , humaine-
ment, leur parut extrême ; ils conservèrent
toutes leurs inquiétudes , justifiées par la
dépréciation journalière de ces propriétés.
Ennemis obligés de la légitimité , puisque

leur fortune est basée sur la conquête, comme tous les intérêts nés de la révolution, qui ne peuvent par conséquent jamais être garantis aux vaincus, ils profitèrent d'une protection, qu'ils ne regardaient que comme un répit, pour tenter une nouvelle lutte. Si Louis XVIII eût restitué ces propriétés en leur remboursant le prix de leurs contrats en inscription sur le grand livre, cette mesure, que la situation politique et financière du royaume rendit un moment possible, aurait seule assuré le triomphe de la légitimité et terminé la révolution.

Ayant sacrifié les émigrés aux acquéreurs de leurs biens, on se crut malheureusement obligé de sacrifier l'Etat aux émigrés : on confia, dans des circonstances les plus difficiles, les plus hautes fonctions administratives et judiciaires à des hommes qui y étaient absolument étrangers, uniquement parce qu'on les avaient ruinés : par la même raison, des pères de famille, des vieillards furent faits capitaines, colonels, généraux, et l'on épura des jeunes-gens qui avaient appris la guerre dans vingt combats ; les réformés civils et militaires, qui se seraient soumis sans murmurer à des dispositions que la nouvelle circonscription de la France aurait nécessitées , furent révoltés de ce mode arbitraire, d'épuration , par lequel on paraissait vouloir les désigner à leurs familles et à leurs concitoyens comme le rebut des différens corps auxquels ils avaient appartenu. Ceux que l'on conserva ne furent guères plus satisfaits ; craignant toujours d'être compris dans de nouvelles épurations, qui pouvaient être sans fin , puisqu'elles n'étaient basées sur aucun principe , les hommes qui s'étaient franchement ralliés à la Charte , s'en dégoûtèrent, lorsqu'ils virent qu'elle se pliait à tous les caprices de la Cour et des ministres ; enfin les émigrés, sentant la fausse position où ils avaient été placés , en furent justement indignés. Le mécontentement étant devenu général , il fut facile de prévoir une nouvelle commotion politique : tous les signes précurseurs de ces grands bouleversemens se manifestèrent rapidement. L'ouvrage de Carnot fut comme le signal qui retentit dans toute la France : à sa voix , les vieux athlètes de la révolution sentirent renaître leur ar-

deur, ils travaillèrent avec un zèle infati-
gable à faire de nouveaux adeptes. Déjà de
nombreux clubs étaient organisés à Paris et
dans les départemens, le jacobinisme allait
encore une fois planer sur la France, lorsque le débarquement de Napoléon à Cannes
vint donner une autre direction aux événemens.

CHAPITRE VI.

Des cent jours.

Du haut des rochers de l'île d'Elbe, Napoléon étendait son coup-d'œil d'aigle sur
le royaume de France ; il voyait de loin
s'amonceler les nuages qui devaient bientôt
faire éclater une nouvelle tempête. Il pouvait en présager la violence sous un ciel
qu'il avait appris à connaître par son propre
naufrage ; il sut en calculer les effets, de
manière à se faire porter par le tourbillon
qui allait renverser le trône des Bourbons.
C'est ainsi qu'il arriva d'un seul vol, et
presque miraculeusement, de l'île d'Elbe à

Grenoble, à Lyon, et jusques dans le château des Tuileries. Alors les républicains furent aussi surpris de leur œuvre que les partisans des Bourbons l'avaient été durant le merveilleux voyage, lorsque toutes les forces qu'ils mettaient en mouvement, allaient, comme par une attraction irrésistible, grossir celles de Napoléon. Lui-même il s'arrêta épouvanté de la rapidité de sa course, il craignit d'être englouti par la force aveugle et impétueuse qui le poussait; il hésita, et le moment de planter, sans coup férir, l'étendard tricolore à Bruxelles, et sur toute la rive gauche du Rhin, fut perdu pour jamais.

Tout était changé pendant sa courte absence, à peine retrouvait-il quelques hommes de l'empire. Le républicanisme avait de nouveau arboré ses couleurs, et étendait son empire jusqu'aux portes des Tuileries : il avait reconquis un terrein immense par les concessions de cette Charte, dont la destinée bizarre était, après avoir concouru à la chute de la première restauration, de nécessiter la seconde, en rendant le trône de la France glissant pour Napoléon et pour tout autre que celui que l'Europe armée y a placé. Napoléon avait été bercé par cette même opinion ; mais il l'avait reniée dans sa grandeur : il s'était écarté de ses principes ; il l'avait comprimée ; il en était devenu l'exécration. Quatorze années d'une autorité absolue lui avaient fait oublier sa tactique ; il se laissa obséder par ses chefs , qui l'entraînèrent à dessein dans les plus fausses démarches. Un déluge de proclamations démagogiques fut répandu en son nom par leurs nombreux agens ; des généraux , des préfets, de simples officiers firent des adresses au peuple , provoquèrent son exaspération contre les prêtres, les nobles et les riches , et la tête de la nation se trouva forcée de se séparer de lui.

Il voulut concilier , dans son acte additionnel , des intérêts fondus sur des Sénatus-Consultes impériaux , sur la Charte, sur la démocratie la plus outrée ; il fit un acte monstrueux , qui fut généralement jugé odieux et inexécutable. Bientôt la convocation du Champ-de-Mai, des colléges électoraux et des Chambres , fit naître en France une espèce d'anarchie.

Napoléon s'était dessaisi de cette dictature où la fortune l'avait placé comme par un dernier effort; il avait convoqué intempestivement ce Champ-de-Mai, qu'il aurait été si beau d'accorder à la nation, dans un moment de triomphe.

Il avait créé des pouvoirs aristocratiques et populaires dans des circonstances tellement critiques, qu'à Rome même, aux plus beaux jours de la liberté, s'ils y eussent existé dans des circonstances semblables, le peuple romain les aurait suspendus pour nommer un dictateur.

Il sentit bientôt qu'il s'était égaré, qu'il n'avait plus de ressources que dans l'armée; qu'il fallait reconquérir, par de nouveaux prodiges, cette puissance qu'il avait laissé échapper, en se livrant trop à des communications clandestines et à des conseils insidieux.

S'il n'eût pas dès-lors éprouvé l'opposition la plus violente de la part des Chambres, il aurait encore pu entraîner l'Autriche, en se portant rapidement en Italie; les gardes nationales, et quelques corps d'observation, auraient suffi pour faire respecter Paris.

Mais sa position était devenue si fausse, qu'il n'y avait plus de salut pour lui que dans des succès aussi prompts que décisifs. Il fallait culbuter l'armée anglo-prussienne, en Belgique ; et, après avoir ainsi frappé les Alliés au cœur, battre encore les Russes, qui n'étaient plus qu'à quelques journées. Alors l'enthousiasme des Français et les principes libéraux auraient puissamment concouru à révolutionner l'Allemagne et l'Italie, et à dissoudre la coalition. Napoléon se serait élevé à une hauteur d'où il aurait facilement comprimé les républicains et les partisans des Bourbons. La bataille qu'il perdit à Waterloo confondit ses dernières espérances. S'il avait réussi dans sa gigantesque entreprise, il aurait sans doute pu reprendre le caractère auguste que le traité de Fontainebleau lui avait enlevé. Vaincu, il n'était en 1815, à Paris comme à Cannes, pour les puissances de l'Europe, qu'un soldat illustre. Il n'avait ni moyens de comprimer les partis qui s'agitaient en France, ni forces à opposer aux phalanges victorieuses qui allaient l'envahir, ni titre pour négocier. Lorsqu'il s'aperçut que Wellington avait fait un faux mouvement sur Paris, il offrit encore de prendre le commandement de l'armée comme simple général; ses propositions furent rejetées. Fouché, qui se trouvait à la tête du gouvernement provisoire , avait déjà fait son traité particulier , par lequel il s'était engagé à la paralyser, et à livrer Paris aux Alliés, sans coup férir.

Un esprit de vertige s'empara des Chambres : elles s'occupèrent à faire une constitution; elles voulurent imposer des lois au Roi de France, victorieux et offensé : elles envoyèrent une députation aux Souverains alliés, qui ne daignèrent pas la recevoir : avaient-elles oublié que l'assemblée nationale envoya aussi des députés à ces mêmes Souverains, pour leur déclarer une guerre à mort ? Avaient-elles oublié que toute la diplomatie de la révolution avait été de vaincre ?

Le libéralisme a une force de raison , devant laquelle tous les gouvernemens absolus doivent finir par se briser. Cependant les libéraux seront exposés à ne faire que de passer d'une oppression sous une autre, tant qu'ils n'auront pas mûri et adopté unanimement un système politique. Jusqu'à présent, lors même qu'ils résistaient aux gouvernemens établis, et contribuaient si puissamment à les faire s'écrouler, ils n'ont jamais eu de plan pour en élever un nouveau, et sont ainsi toujours restés à la merci de la première faction qui est allé droit au but. Les hommes, nourris des anciennes doctrines, ont sur eux l'immense avantage d'avoir un système politique dont les principes sont immuables, et leur font un devoir religieux d'y faire rentrer les peuples par tous les moyens possibles, et surtout de ne jamais transiger avec les novateurs. Instruits par la chûte même de Napoléon, du danger qu'il y aurait à dévier trop brusquement du mouvement que la révolution a imprimé à l'Europe, ils souffrent encore les monarchies représentatives, par rapport au civil; mais ils ont sauvé le despotisme militaire et la souveraineté légitime. Il est évident que cet ordre de choses ambigu ne doit exister, qu'autant qu'il plaira aux souverains; maîtres des nations par la grâce de Dieu et leur.

épée, ils conservent toujours le droit de retirer les concessions qu'ils accordent à la
force des circonstances ; chefs d'innombrables armées, il est à présumer qu'ils en
auront encore long-tems les moyens. Ce fut
par un art à-peu-près semblable qu'Auguste
étouffa l'esprit républicain, et conduisit dou-
cement les Romains à la servitude (1).

CHAPITRE VII.

De la Monarchie constitutionnelle.

Les événemens de 1814 et de 1815 dessé-
chèrent les dernières racines de l'ancienne
monarchie française, qui avaient survécues

---

(1) Les armées russes, toutes les armées régulières,
et même celle que le gouvernement anglais entretient
sur le Continent, qui est en grande partie composée
de mercenaires, seront toujours plus disposées à entrer
dans le mouvement général des souverains contre les
peuples, qu'à défendre le libéralisme qui, proscrivant
toute classification, toute hiérarchie parmi les hommes;
est incompatible avec l'ordre, la discipline et la gloire
militaire.

jusque-là dans les habitudes, dans les affections et dans les souvenirs des peuples. La
nation consentit alors tacitement la Charte,
par le seul fait du retour de son Roi législateur. La monarchie constitutionnelle parut
s'élever sous la garantie des puissances de
l'Europe. Les rois de Prusse, de Bavière et
de Wurtemberg rendirent, à cette occasion,
un hommage éclatant aux principes libéraux;
ils promirent à leurs peuples de les prendre
pour base des nouvelles institutions qu'ils
leur préparent.

Le rôle qu'essaya de jouer un personnage
célèbre, lors de la première restauration,
donna à Fouché l'idée de celui qu'il se des-
tina dans la seconde. Parvenu à conserver
le ministère de la police générale, il laissa
celui de l'intérieur vacant ; ayant ensuite
divisé le royaume en grands commissariats
de police, il se rendit ainsi maître de tout
le personnel. Fort de la bienveillance du
chef de l'armée d'occupation, il se flatta de
gouverner l'état, en tenant le Roi dans de
continuelles inquiétudes. De-là ses fameux
rapports où il s'efforçait de présenter la

France comme un volcan, dont sa main seule pouvait empêcher l'explosion.

Les élections déjouèrent ce plan ; il s'était reposé du choix des députés sur les colléges électoraux de Napoléon ; ils trompèrent son attente, et lui opposèrent ainsi un obstacle insurmontable. Il jugea sur-le-champ que le coup était mortel, et, convaincu que toutes ses manœuvres échoueraient devant la loyauté et l'espèce de fanatisme royal des députés, il n'essaya pas même de se présenter aux Chambres.

Les principes de la représentation de 1815 auraient peut-être été applicables au gouvernement de la France, dans les premiers jours de la restauration de 1814 ; mais les événemens avaient marché avec tant de rapidité, qu'à l'époque de sa convocation, ils étaient déjà surannés, et devaient faire naître le froissement le plus dangereux. Comment prétendait-elle arrêter, et faire remonter vers sa source, un torrent qui avait alors repris son cours ?

La représentation de 1816, plus en harmonie avec l'esprit de la nation, calma ses inquiétudes et son agitation. Les contributions se payèrent plus facilement, le crédit s'augmenta, ou plutôt se créa ; ainsi le Roi obtint en un instant cette confiance, que Napoléon, dans toute sa puissance, n'avait jamais osé espérer. Mais les ministres, en voulant concilier l'esprit de l'ordonnance du 5 septembre avec celui des autorités de 1815, qu'ils craignent de changer, ont créé une administration aussi ambigue que tout le reste de notre organisation politique. Ils n'ont usé jusqu'à présent du crédit public, que pour régulariser notre oppression et nos désastres, pour faciliter aux étrangers l'enlèvement de nos dépouilles : c'est ainsi, ô malheureuse France ! que l'on est parvenu à tourner contre toi la sagesse même de ton Roi, et jusqu'à ton généreux dévouement.

Tous les Français savent qu'une seule loi d'exception suffit pour détruire leurs institutions libérales, qui sont le prix de tant de sacrifices inouis, et cependant ils souffrent encore plusieurs de ces lois odieuses ! Les ministres ne sentent-ils donc pas combien il serait funeste de donner à penser à l'Europe que la Charte ne peut pas être franchement exécutée sans danger pour son repos, ou pour la légitimité même, pendant l'existence de la Sainte-Alliance ! Ne serait-ce pas la conduire à en tirer l'affreuse conséquence qu'elle ne pourrait jamais l'être ? L'observation étroite de cette Charte sera le complément de notre révolution, et peut seule rapprocher le terme de nos malheurs. L'existence de la France, comme monarchie constitutionnelle, est liée à celle de l'Angleterre, qui a l'intérêt le plus direct et le plus cher, celui de sa liberté, à soutenir et à propager ces nouvelles institutions, dont elle a donné le premier exemple, et qui sont tellement devenues l'objet des vœux et des efforts de tous les libéraux, que, pour les obtenir, ils ont renversé l'ancienne monarchie française, et ébranlé l'Europe. Toutes les fois que nous nous sommes éloignés de cette ligne d'une sage liberté, soit pour tomber dans l'anarchie, soit pour nous jeter dans le despotisme (1) et les conquêtes, nous avons

---

(1) Le despotisme de Napoléon était tout entier dans la force prodigieuse de son caractère, et nulle-

trouvé les Anglais sur le champ de bataille ; mais fidèles à l'alliance de principes qu'ils ont avec les libéraux, ils n'ont point adhéré à cette Sainte-Alliance de 1815, qui a paru tendre à extirper le libéralisme.

En effet, si la Sainte-Alliance eût existé lors de notre première restauration, faite sous l'influence immédiate de l'empereur de russie qui occupait Paris ; si la monarchie française eût été relevée sur ses antiques bases ; si Louis XVIII, régnant par les maximes des anciens gouvernemens, eût comprimé la génération actuelle, presque toute libérale, à l'aide de sa noblesse et des nombreux soldats du nord ; s'il eût étouffé la liberté de la presse, et fait élever une nouvelle génération toute religieuse et monarchique, en la confiant aux soins d'un nombreux clergé, auquel il aurait rendu ses honneurs, ses richesses et son influence, l'invasion de ces antiques maximes de gouvernement serait bientôt devenue dange-

ment dans les institutions de l'Empire ; il pouvait seul sauver tous les intérêts de la révolution, et aurait nécessairement fini avec lui.

reuse pour le peuple anglais ; parce que les souverains légitimes, connaissant aujour-d'hui, par la terrible expérience qu'ils en ont fait, combien les principes libéraux sont contagieux, auraient redouté le voisinage d'une nation où ils se seraient trouvés tous refoulés, et auraient tellement favorisé la tendance que le pouvoir exécutif a toujours à devenir absolu, qu'ils auraient fini par faire rentrer l'Angleterre dans l'ancien ordre politique et peut-être religieux de l'Europe, ou au moins par y causer d'horribles convulsions.

Autant les Anglais sont intéressés à soutenir l'existence politique de la France, devenue constitutionnelle, autant ils sont intéressés à empêcher qu'elle soit grande et heureuse, par la crainte de sa concurrence maritime, commerciale et industrielle.

Ces réflexions, qui naissent de la nature des choses, sont nécessaires pour se faire une idée juste de la situation actuelle de l'Europe, et des conséquences de nos traités.

CHAPITRE VIII.

De l'armée d'occupation.

Le gouvernement français fut inexcusable de signer le traité de 1814, parce qu'à cette époque les Français avaient été plutôt dispersés que vaincus ; ils avaient conservé leurs armes, et occupaient encore les principaux boulevards de l'Europe ; en se ralliant presque spontanément à la légitimité, ils la mirent à même de prendre une attitude assez imposante pour qu'elle pût discuter les conditions du traité de paix qui lui était offert.

Celui de 1815, plutôt subit que consenti, est par conséquent plus excusable. Nous avions jeté nos armes : il pouvait être utile de recevoir momentanément la loi qu'imposaient les vainqueurs, afin de nous donner le tems de les ramasser; mais il est bien plus onéreux que le premier, qui frappait seulement notre fortune politique ; tandis que celui-ci est dirigé contre nos fortunes particulières, contre notre ordre social, et enfin contre notre indépendance nationale. Ce traité a été profondément calculé pour assurer notre asservissement et notre ruine entière. L'accupation militaire à laquelle il nous condamne, n'est ni la paix, ni la guerre, ni la conquête, qui, après un violent dé-chirement, nous donnerait de nouveaux in-térêts, en nous incorporant aux vainqueurs; c'est un état mixte, le pire de tous les états où une grande nation puisse se trouver ré-duite. L'histoire moderne n'en offre qu'un exemple; détournons nos yeux des horreurs qui en ont été sa suite : par sa violence même il ne peut pas être long, et doit nécessaire-ment finir par la dissolution complette, ou par la guerre.

Quelle que soit la magnanimité des Souve-rains Alliés, pouvons-nous douter que le premier de leurs devoirs n'ait été d'assurer à leurs peuples tous les avantages possibles de leurs victoires achetées par tant d'efforts et de sang ? Pouvons-nous douter que, si la composition de leur armée, l'esprit de l'Europe, la situation topographique de la France, son immense population, ses mœurs belliqueuses , ses richesses avaient permis un partage immédiat, sans les exposer à des inconvéniens de tous genres , à d'horribles convulsions, ils ne l'eussent fait? Napoléon, avec des forces aussi grandes que les leurs, et bien autrement unies, a-t-il pu seulement détruire le moderne royaume de Prusse, si faible en comparaison de la France ? Quels moyens pourraient-ils donc avoir d'ajouter au malheur de notre situation? Se mettront-ils à discrétion sur toute la surface du royaume ? Ils s'en garderont bien : ils nous créeraient une armée. Qu'importe d'ailleurs qu'ils occupent telles ou telles provinces ; l'Etat n'est qu'un : ne sommes-nous pas tous solidaires? Ils ont choisi celles qui leur présentaient le plus de ressources et de sécurité ; ils ne s'en éloigneront pas. Pourquoi donc leur payer des contributions exorbitantes ? Les gouvernemens d'Autriche et de Prusse ont su se soustraire à celles que nous leur avions imposées , par une simple force d'inertie, en ne payant pas; et, en 1814, la plus grande partie en était eucore due. Attila, tout Attila qu'il était , tolérait l'art avec lequel l'empereur Théodose parvenait à se soustraire au payement des contributions qu'il lui avait imposées; le xixe. siècle devait-il donc donner le premier exemple d'ungouvernement qui se glorifie de solder loyalement le tribut des vaincus. L'argent que nous donnons aux Alliés nous affaiblit, et augmente leur force, par conséquent leur droit, qui n'est que celui du plus fort. Lorsqu'ils auront enlevé toutes nos richesses mobilières, que nous ne serons plus que les colons de notre territoire, l'évacueront-ils ? N'est-il pas au contraire facile de préjuger leurs funestes desseins, de toute leur conduite, et de l'appui même qu'ils prêtent au développement de notre crédit public ; qui ne sentira que, lorsqu'ils seront propriétaires d'une immense quantité d'inscriptions, ce crédit, dont ils se sont rendus garants, baissera au moindre signe d'humeur ou d'hostilité de leur part; qu'ils précipiteront cette baisse à volonté, en prodiguant notre papier sur les places de l'Europe, assurés de se récupérer de leurs sacrifices momentanés, en conservant l'exploitation de la France; qu'ils ne cherchent enfin qu'à river nos chaînes, qu'à les rendre plus pesantes, afin qu'il nous devienne impossible de les briser. Ne payons plus de contributions de guerre, employons nos trésors à organiser une armée nationale, à consolider nos institutons libérales, à ranimer notre industrie. Ne sommes-nous donc plus les descendans des guerriers de Charles Martel, de Charlemagne, de Charles VII, de Louis XIV, ces mêmes Français, sans la permission desquels il ne devait pas se tirer un coup de canon en Europe.

« *Quelquefois la lâcheté des empereurs,*
» *souvent la faiblesse de l'empire, firent*
» *que l'on chercha à appaiser pour de*
» *l'argent les peuples qui menaçaient*
» *d'envahir ; mais la paix ne peut pas*
» *s'acheter, parce que celui qui l'a*
» *vendue, n'en est que plus en état de la*
» *faire acheter encore.*

» *Il vaut mieux courir le risque de faire*
» *une guerre malheureuse, que de donner*
» *de l'argent pour avoir la paix* (1). »

---

(1) Montesquieu, *Grandeur et Décadence de l'Empire romain.*

Serions-nous donc épouvantés de l'idée des ravages que l'ennemi pourrait faire momentanément dans nos campagnes ? les trésors que nous lui prodiguons chaque année , fuffiraient pour rebâtir et enrichir la moitié des villages de France. N'ôserons - nous nous exposer à perdre quelques milliers de nos concitoyens dans une honorable défense? Mais la continuation du sistmêe d'occupation militaire , pendant cinq années, décimerait la France. J'en appelle à tous les Français qui ont eu occasion de voir , haletant de faim et de misère dans nos départemens , ces nombreux groupes d'enfans , aimable et fragile espérance des familles et de la patrie , dont tout homme viril voudrait racheter les souffrances aux dépéns de sa vie : les denrées et les richesses que dévorent les soldats russes , anglais , allemands , manquant à la consommation de la France, réduisent une partie de la population à ne pouvoir plus trouver dans son travail de quoi soutenir sa vie et celle de sa famille. Ce nouveau mode de destruction n'est-il pas plus horrible que la guerre?

Nous trouverons dans nos principes de

puissans auxiliaires et une direction sûre, lorsqu'il nous faudra de nouveau tenter la chance des combats. Si nous sommes opprimés par les souverains, ne sommes-nous pas libérés par les peuples? N'avons-nous pas avec ceux d'Allemagne et d'Italie une alliance de doctrines et d'intérêts plus vrais, plus puissans que ceux qui servent de base à la Sainte-Alliance? Montrons-nous dignes de nos ancêtres, et le gouvernement autrichien, toujours identifié aux sentimens de l'Allemagne, toujours dirigé par une saine politique et une sagesse profonde, renoncera bientôt à des traités incompatibles avec sa sûreté et sa grandeur, et s'empressera de souscrire à une alliance qui lui est aussi nécessaire qu'à nous, pour sauver l'Allemagne des désastres dont elle est menacée, sous les apparences de la prospérité. La réunion à l'Autriche d'une partie de l'Italie, toujours séparée d'elle par sa position topographique, par ses mœurs, par son langage, ne lui a donné qu'une force éphémère, tandis que l'envahissement de la Pologne l'a placée en première ligne sous la main d'un empire qui, depuis Pierre-le-Grand, se précipite sur l'Europe par un mouvement continuel et irrésistible. L'impulsion qui a conduit les Français à Moscow, était tout entière dans l'âme de leur chef : celle qui pousse les Russes vers le centre et le midi de l'Europe, part du peuple; elle est nationale. Ce serait en vain que l'Autriche mettrait sa confiance dans ses nombreux soldats, ou dans la magnanimité de l'empereur Alexandre, qui, forcé de devenir conquérant, se trouve dans une position unique pour cela.

La Russie ne peut pas rester stationnaire. Le caractère remuant et belliqueux de la nation Polonaise, récemment incorporée à cet empire, nécessite de nouvelles conquêtes, parce que les Polonais seront toujours des sujets dangereux, tant qu'ils ne seront pas nationalisés par une gloire acquise en commun avec leurs nouveaux compatriotes.

Par une destinée particulière à la nation russe, la haute classe de la société s'y est élevée à la civilisation la plus rafinée, et le peuple y est resté brut. Les armées russes sont organisées avec tous les arts de cette civilisation. Les généraux et les officiers les plus habiles dirigent huit cent mille soldats qui ont conservé toute la vigueur des peuples sauvages, unie à l'impétuosité qu'inspirent les superstitions féodales et religieuses.

La Prusse, sous l'influence russe, par son gouvernement et par sa situation topographique, se rattachant au centre de l'Europe, par cette même situation et bien plus encore par les principes libéraux de ses peuples, ne peut éviter des déchiremens qui rendront sa coopération nulle pour ou contre l'Allemagne.

Quel serait donc le sort de l'Autriche, si la France, ne prenant conseil que de ses douleurs présentes, sacrifiait son indépendance et celle de l'Europe, en se jetant dans les bras de la Russie; si elle se ralliait à cette monstrueuse puissance qui, bientôt oubliant ses traités actuels, repondrait à un appel qui lui livrerait l'Allemagne ? Quel serait encore le sort de l'Autriche, si le gouvernement français, se voyant constamment opprimé par tous les grands et petits potentats du Continent, devenait l'allié de l'Angleterre, comme les rois de l'antiquité devenaient les alliés du peuple romain, afin d'être au moins assurés de n'avoir plus d'insultes à recevoir que de lui ! L'indépendance de l'Allemagne serait irrévocablement perdue, ses nombreuses fabriques seraient anéanties, elle se trouverait en quelque manière rejetée hors du nouveau systême politique de l'Europe, elle ne serait plus que le champ de bataille où viendraient se heurter les forces colossales de l'Angleterre et de la Russie.

Si la cour d'Autriche n'était pas dirigée par des considérations d'une politique si simple, si manifeste, n'aurait-elle pas tout à craindre des excès auxquels peut se laisser entraîner une nation de trente millions d'âmes, réduite au désespoir. Sommes-nous donc si loin de retomber dans une anarchie sanglante ? Le souvenir de nos armées de 1793 s'y serait-il effacé aussi vîte que leurs trophées ont été détruits ! Pourrait-elle se flatter d'être assez forte pour comprimer un nouvel embrâsement qui, alimenté des débris des trônes, s'étendrait sur la Prusse, sur les pays de l'ancienne confédération du Rhin, et sur l'Italie, où tant de matières inflam-

mables augmenteraient encore sa furie !
Enfin, si, après de fortes convulsions, nous venions à tomber dans un état de marasme et d'affaissement, tel que le partage de notre territoire devint possible, n'aurait-il pas encore pour elle les suites les plus désastreuses ? La Russie n'exigerait-elle pas des concessions sur la rive gauche de la Vistule, en compensation des provinces qu'elle ne pourrait pas conserver en France sans se rendre vulnérable ? Ne s'avancerait-elle pas ainsi d'une manière effrayante jusqu'au cœur de l'empire ?

Nous ne devons donc reculer devant aucuns sacrifices, pour nous rallier à ces peuples du centre de l'Europe, dont les grands intérêts politiques et sociaux sont les mêmes que les nôtres ; qui sont assez puissans pour nous secourir efficacement, qui ne le seront jamais assez pour nous faire payer leurs services en nous opprimant ; formons avec eux un faisceau sans cesse resserré par la pression des principes anti-libéraux, des préjugés et des superstitions, refoulés aux deux extrémités de l'Europe, dans la Péninsule et en Russie, et surtout par l'attitude menaçante de cette dernière puissance. C'est dans son sein , aux confins de l'Asie, que le despotisme veille; les innombrables armées russes sont les chaînes qu'il prépare à l'Europe épuisée par ses dissentions politiques. La prépondérance de l'Angleterre est bien moins à redouter; depuis la chûte de l'empire français, elle doit être considérée comme le boulevard de la civilisation. Nation essentiellement libérale, son gouvernement est impuissant pour ravager le monde ; dans ses triomphes mêmes, elle donne forcément aux vaincus plus qu'elle n'en peut exiger; elle leur communique ses lumières et son industrie, et l'égalité de peuple à peuple se rétablit insensiblement : tels ont été les résultats des invasions des Français dans toute l'Europe. La puissance colossale de Napoléon, qui semblait menacer toutes les indépendances, rallia contre lui, en 1814, les peuples et les gouvernemens. La crainte qu'il ne vint à ressaisir cette puissance, dut encore les unir étroitement, en 1815, contre une guerre d'invasion; mais ce lien n'aurait déjà plus été assez fort pour les mettre à même d'entreprendre une guerre offensive de quelque durée : si Napoléon, par la fausse attitude qu'il se donna à Paris, ne s'était pas mis dans la nécessité d'attaquer lui-même cette seconde coalition, il n'avait rien à en redouter. Aujourd'hui elle n'a plus de racines dans l'esprit de l'Europe, elle le violente; nous n'en avons prolongé la durée depuis deux années, qu'en lui payant journellement des subsides énormes; du moment que nous cesserons de la payer, elle se désunira et sera hors d'état de vaincre notre résistance nationale; les élémens qui composent l'armée d'occupation, deviendront tout-à-fait incompatibles, et nous la verrons se dissoudre comme par enchantement; la France renaîtra avec d'autant plus de force et d'énergie, que la contraction qu'elle éprouve produira une force immense de réaction; les soldats de Fleurus, de Marengo, d'Austerlitz, d'Iéna, de Champaubert, relèveront leurs fronts aux acclamations d'une génération belliqueuse, justement énorgueillie des triomphes de ses aînés, et de la glorieuse tâche qui lui était réservée, de sauver la patrie de la liberté, des sciences et des arts, de la conflagration générale dont elle est menacée.

FIN.

www.ingramcontent.com/pod-product-compliance
Lightning Source LLC
Chambersburg PA
CBHW061301060726
47596CB00002B/691